Filosofía Zen

Para superar el agobio y la ansiedad

Alexander Rosacruz

Editorial Anuket

Temario:

Introducción:
Cap. 1 Emociones alteradas
Cap. 2 ¿Qué es la filosofía Zen?
Cap.3 Principios Zen
Cap.4 Meditación Zen

Introducción

El Zen es una filosofía que ha tenido un gran impacto en la cultura japonesa, ganando popularidad en todo el mundo. A menudo se asocia con la meditación y la búsqueda de la iluminación espiritual, pero también tiene una fuerte conexión con la práctica diaria y la forma en que vivimos nuestras vidas. En este libro, exploraremos los principios fundamentales de esta filosofía oriental, sus bases, su aplicación y los beneficios que puede ofrecer.

• **Principios fundamentales del Zen**

El Zen es una escuela de pensamiento budista que se originó en la China del siglo VI d.C. y se extendió a Japón en el siglo XII. Su enfoque principal es la búsqueda de la iluminación o la "experiencia de despertar", que se considera el objetivo final de la vida.

En la filosofía Zen se enfatiza la importancia de vivir en el presente y de apreciar y disfrutar cada momento. Se dice que la mente está siempre ocupada con pensamientos y preocupaciones, lo que nos impide estar en contacto con la realidad palpable. Para superar esto, se utilizan diversas técnicas de meditación, como la concentración en la respiración o en un objeto, y así calmar la mente y centrar la atención en el momento justo.

El Zen también enseña la importancia de la práctica diaria, especialmente en la forma en que realizamos las tareas cotidianas. La idea es que cualquier actividad, ya sea cocinar, limpiar o trabajar, puede ser una oportunidad para practicar la atención plena y estar en el momento presente.

Otro principio fundamental del Zen es la importancia de la no-dualidad, o la comprensión de que todo está interconectado y que no hay una separación absoluta entre nosotros y el mundo que nos rodea. Esto se expresa a menudo a través del concepto de "mu", que significa "nada" o "sin", y se utiliza para desafiar la mente racional y lógica.

• **Aplicación del Zen en la vida cotidiana**

Una de las aplicaciones más obvias del Zen en la vida cotidiana es la meditación. A través de su práctica podemos desarrollar la capacidad de estar en el momento presente y de calmar la mente de los pensamientos y preocupaciones constantes. Esto puede tener un efecto positivo en nuestra salud mental y emocional, como también ayudarnos a manejar el estrés y la ansiedad.

Otra forma en que el Zen se aplica al quehacer diario es a través de la práctica de la atención plena en las tareas mundanas. En lugar de hacer las cosas de forma automática y sin pensar, podemos utilizar estas actividades como oportunidades para practicar la concentración y estar en el momento presente. Esto puede ayudarnos a disfrutar más de la vida cotidiana y a sentirnos más conectados con el mundo que nos rodea.

El Zen también se puede aplicar en la forma en que nos relacionamos con los demás. La no-dualidad que se enfatiza en el Zen nos recuerda que no estamos separados de los "otros", y que nuestras acciones y decisiones tienen un impacto en el mundo que nos rodea. Al cultivar una mayor conciencia y compasión hacia los demás, podemos mejorar nuestras relaciones y contribuir a un mundo más justo y equitativo.

- **Beneficios del Zen**

Los beneficios del Zen son numerosos y se extienden más allá de la salud mental y emocional. Aquí hay algunos de los beneficios clave que se pueden obtener gracias a su práctica:

Reducción del estrés y la ansiedad: La práctica de la meditación y la atención plena puede ayudar a reducir los niveles de estrés y ansiedad en el cuerpo y la mente, lo que redunda en un adecuado tratamiento de los compromisos que se deban enfrentar.

Mejora de la salud mental y emocional: La meditación y la práctica de la atención plena pueden ayudar a mejorar la salud mental y emocional al promover la claridad mental, la concentración y el bienestar general.

Aumento de la capacidad de concentración: El Zen puede ayudar a mejorar la capacidad de concentración y la atención plena, lo que puede ser beneficioso en la vida cotidiana y en situaciones de trabajo.

Mayor autoconocimiento: El Zen puede ayudar a desarrollar un mayor autoconocimiento, lo que puede ser útil para tomar decisiones más informadas y mejorar las relaciones personales y profesionales.

Mejora de la creatividad: La práctica del Zen puede ayudar a mejorar la creatividad y la capacidad de pensamiento innovador al promover una mente abierta y flexible.

Desarrollo de la empatía y la compasión: La práctica del Zen puede ayudar a desarrollar la empatía y la compasión hacia los demás, lo que puede mejorar las relaciones personales y profesionales y promover la equidad y la justicia social.

Así dicho, el Zen es una filosofía que puede tener un gran impacto en la vida cotidiana, al ayudar a reducir el estrés y la ansiedad, mejorar la salud mental y emocional, aumentar la capacidad de concentración, desarrollar el autoconocimiento, fomentar la creatividad y promover la empatía y la compasión. A través de la práctica de la meditación y la atención plena, podemos cultivar una mayor conciencia y conexión con el mundo que nos rodea, lo que puede mejorar nuestra calidad de vida y contribuir a un mundo más justo y equitativo.

Capítulo 1
Emociones alteradas

¿Te has sentido ansioso o abrumado? ¿Dolor abdominal, sudoración, náuseas, dificultad para respirar e incluso latidos cardíacos irregulares? ¿Te suena esto? Si luchas con tus emociones y tiendes a sobrestimar tus experiencias emocionales en general, es hora de aprender a controlar tu bienestar. Si bien las emociones son útiles y naturales, manejarlas mejor puede brindarte equilibrio y mayor paz en tu vida diaria.

No todo el mundo puede alcanzar la felicidad tan rápido... De hecho, a veces sentimos emociones cuando no las necesitamos, es decir, una respuesta emocional desproporcionada con la situación (ansiedad sin bases razonables, celos ilógicos etc.), lo que te lleva a un comportamiento inadecuado o hace que pierdas por completo tus recursos cuando deberían ser utilizados solo en los momentos apropiados.

Las personas demasiado emocionales o hipersensibles tienen más dificultades para encontrar el equilibrio emocional. Las personas hipersensibles/hiperemocionales experimentan esta sensación intensificada, lo que aumenta las dificultades de mentalización e incluso los trastornos interpersonales. Las disfunciones en el estilo de apego, la regulación emocional, los esquemas o la mentalización pueden conducir a una hipersensibilidad emocional.

Creencias y sentimientos confirmados

Debes recordar que cuanto más creas que algo es verdad, más atraerá tu atención ese aspecto de la realidad y tus impresiones confirmarán esas creencias. Todos son juegos mentales. Dado que tus emociones son la respuesta de tu cuerpo a tus pensamientos, cuanto más tiempo te aferres a tus creencias, más emociones expresarás en tu interior.

Emociones, peligros para la salud

Cuando nuestra salud mental es buena, experimentamos estas emociones naturales de vez en cuando y tomamos medidas para liberarlas. Por el contrario, si a menudo te sientes vulnerable a nivel emocional o estás enojado, es hora de aprender a manejar mejor tus emociones porque son las que te impulsan y te mantienen ocupado.

Obsesionarte con tus emociones tóxicas puede hacer que las niegues, las reprimas, lo que a la larga hará que esas emociones se manifiesten a través de tu cuerpo. Las emociones atrapadas dentro de nosotros buscan resolución y expresión. Esa es la naturaleza de las expresiones, hay que sentirlas y expresarlas, de lo contrario aparecerán de una forma u otra (para bien o para mal). Esto se llama somatización y tu cuerpo reacciona a estas emociones y luego tienes enfermedades, problemas de salud como angina, úlceras estomacales, problemas pulmonares, riesgo cardiovascular, problemas de vejiga, etc. Por lo tanto, al aprender a manejar tus desencadenantes emocionales inapropiados, estarás en una mejor posición para evitar que se vuelvan crónicos y pongan en peligro tu salud.

¿Cómo puedo controlar mis emociones?

En realidad, no controlamos nuestras emociones, controlamos nuestros pensamientos, que es lo mismo, porque nuestros pensamientos son la fuente de nuestras emociones, las causan. Si no podemos controlar las cosas (situaciones) fuera de nosotros, si podemos evitar que causen cierto tipo de reacción en nosotros. Significa cambiar la forma en que afrontamos las cosas.

Ansiedad

La ansiedad es un estado emocional causado por la anticipación de un peligro o amenaza; o sea no por la situación que tenemos al frente, sino por lo que suponemos que al aparecer puede afectarnos. El miedo, por su parte, es una emoción humana básica relacionada con el instinto de conservación, que surge precisamente en los momentos de peligro. Los términos "miedo" y "ansiedad" no son sinónimos, pero se usan indistintamente cuando se trata de ansiedad situacional (un estado en un momento determinado).

En circunstancias normales, la función de la ansiedad es la autodefensa o sea, estar precavidos y atentos a la acción, pero también hay momentos que la ansiedad causa un mayor mal que el potencialmente probable.

Causas de la ansiedad

Los principales factores que contribuyen a que aumente nuestra ansiedad son la soledad, los problemas laborales, las dificultades en las relaciones, la mala salud, los entornos inseguros y todo tipo de conflictos.

Nuestro estilo de vida también tiene un gran impacto. Por ejemplo, si hablamos mucho por teléfono o vemos las noticias en la televisión, es más probable que experimentemos estados de ansiedad. Claro, los avances digitales han hecho que nuestras vidas sean más rápidas y mejores, pero esa comodidad la pagamos con estrés adicional, nuevos miedos y muchas noticias (preferiblemente noticias apocalípticas para captar la atención del espectador/oyente), lo que genera emociones complejas. Para combatir la adicción a los medios digitales, minimiza el tiempo que pasas en Internet. Sal, lee, haz yoga, cocina, haz punto de cruz, construye Lego, las posibilidades son más de las que imaginas.

Tipos de ansiedad

• **Alarma de advertencia**. Sufren las personas que prevén la más desfavorable de todas las situaciones posibles. Esta ansiedad puede ser en un momento determinado o perseguir constantemente a una persona.

• **La ansiedad en forma de fobias** está asociada a determinadas situaciones y objetos. Por ejemplo, miedo a estar solo, a las arañas o a la oscuridad. Si se manifiesta como un ataque de pánico, puede ser un caso clínico.

• **Ansiedad neurótica**. Esta forma de ansiedad es la más grave y se encuentra en muchas enfermedades mentales: histeria, esquizofrenia. Hay miedos morbosos que pueden destruir la salud mental de una persona.

Es común que personas de todo el mundo espere con miedo la aparición de noticias fatales creándole un flujo constante de incertidumbre. El "miedo a la espera" o "miedo a la libertad" se forma como resultado de nuestra constante inmersión en el flujo de información.

Falsa alarma

La sensación de miedo puede confundirse fácilmente, así que antes de hablar de cómo deshacernos de la ansiedad, aprendamos a reconocerla. En algunos casos, no podemos distinguir entre emociones, por lo que se forma la llamada "falsa alarma". En este caso, lo primero que podría recomendar un psicólogo es aprender a aislar la ansiedad de muchas otras emociones. Compruébalo tú mismo: en qué condiciones te abruma la ansiedad. Divide estas situaciones en aquellas en las que la ansiedad está justificada y aquellas en las que no lo está.

Por ejemplo, estás en un autobús y te sientes ansioso cuando te acercas a la parada. Por un lado, puede ser miedo a perder el bus o un sentimiento de vergüenza porque es inconveniente pedirle al conductor que se detenga. Otro ejemplo: Quieres hacerle una pregunta al profesor de la clase, pero no te atreves a levantar la mano. Este miedo puede surgir de las sospechas y expectativas de que tus compañeros de clase se rían de ti. A veces, la ansiedad proviene de otras emociones, como la vergüenza o la inseguridad. Cuando comprendes esto y lo superas, no tienes que preocuparte y el estado de ansiedad desaparece.

Características

La ansiedad a menudo surge de la incertidumbre acerca de las acciones y los sentimientos. Primero, trata de identificar qué está causando tu ansiedad. Por ejemplo, le preocupa que lo despidan de su trabajo. Antes de entrar en pánico, recurra a los hechos: mire el estado del mercado y el área en la que opera su empresa, evalúe la carga de trabajo ahora y pronostique el plan de tareas para el próximo mes. Y esto aplica no solo para el trabajo, sino para cualquier área en la que sienta ansiedad. A menudo, estos ejercicios ayudan a ver la imagen real. Si entiendes que todo está bajo control, puedes exhalar, si no, continúa con tu evaluación detallada.

Escribe un plan de acción detallado que te ayude a evitar la incertidumbre y te diga qué hacer en cualquier situación:

• Anota qué habilidades tienes y dónde pueden ser útiles. Por ejemplo, ser ilustrador o habilidoso en Photoshop, tener carnet de conducir y coche, saber redactar, etc.

• Edita tu currículum y prepara una carta de presentación sobre ti para los empleadores.

• Crea tú mismo la gama de servicios, comenzando con tus actividades favoritas y terminando con las menos interesantes.

• Deja una lista de posibles empleadores a los que puedes ofrecer tus servicios. Cuanto más grande, mejor.

El trabajo realizado te ayudará a sentirte más seguro y desarrollar un plan para salir de situaciones de crisis. A veces, la ansiedad proviene de la creencia de que no podemos lidiar con este o aquel comportamiento. Una imagen visual de tus habilidades siempre te ayudará a creer en ti mismo. Después de leer la lista, te das cuenta de que, independientemente de la situación, puedes lograr mucho.

Usar terapia de exposición

El punto es reconocer la existencia de la ansiedad, no deshacerse de ella por completo.

- **No ignores las cosas que te preocupan**. Por ejemplo, quieres aprender inglés para obtener un ascenso y un salario más alto, pero no has abierto un libro de texto en tres días y sigues culpándote a ti mismo. Esto puede disminuir tu autoestima y aumentar tu ansiedad por tener éxito en el trabajo y en la vida.

- **Permítete un día completo de descanso sin preocupaciones ni autocríticas.** Imagina que son vacaciones. Así que comienza gradualmente: puedes comenzar con una página de texto en inglés o un video de cinco minutos al día. Gradualmente, acostumbrarás a tu cuerpo a la carga y lo convertirás en un hábito.

Seguir un horario de sueño

La hormona del crecimiento se produce durante el sueño y se encarga de reparar nuestro organismo, incluido el sistema nervioso. Especialmente si nos acostamos antes de las 12 pm.

El insomnio no siempre es el resultado de trastornos psicológicos, a veces es la falta de sueño que conduce a problemas psicológicos.

Cambiar

Es importante pasar regularmente de una actividad a otra, por ejemplo, de actividad física a actividad mental. Así, al hacer ejercicio, la actividad cerebral se restablece gracias al aporte de oxígeno. Durante el estrés psicológico, el sistema muscular se regenera mejorando el flujo de sangre a los músculos.

Un simple cambio de trabajo y estudio con una pequeña carga física mejorará el funcionamiento de los procesos metabólicos del organismo, a la vez que acelerará la recuperación del sistema nervioso y ayudará a fortalecerlo.

Meditación y respiración

La meditación y la respiración definitivamente ayudan con la inestabilidad mental (Capítulo 4). Un estudio de la Universidad Johns Hopkins encontró un vínculo entre la práctica de la meditación y la reducción de los síntomas de depresión y ansiedad. El equipo de investigación descubrió que los efectos de la meditación eran comparables a los efectos de los sedantes y, en este caso, la meditación era una solución más útil al problema porque no causaba efectos secundarios.

La meditación también ayuda a reconfigurar tu cerebro y a concentrarte en ti mismo en lugar del "ruido" que te rodea. Los beneficios de las técnicas de respiración son igualmente numerosos: mejoran la circulación sanguínea y ayudan a acelerar el metabolismo general. Además, las técnicas de respiración profunda combinadas con ejercicios de relajación son buenas para reducir la tensión nerviosa. La rutina ayuda a que disminuyan los niveles de ansiedad.

Adopta un pasatiempo, disfruta de una película, limpia, practica deportes. Intenta desconectarte de los noticieros, para dedicar tiempo a ti y a tu cuerpo. ¡Si la ansiedad no desaparece, acude a un médico para que te conozcas rápidamente y arregles lo que hay dentro! No olvides que tu salud es lo más valioso, y visitar a un especialista es primordialmente para ti.

Depresión

La depresión puede ser causada por una serie de factores diferentes. En ocasiones se relaciona con la muerte de un ser querido, un divorcio, un trabajo estresante o un conflicto familiar de larga duración.

Muchas personas enfrentan dificultades para experimentar irritabilidad y frustración, lo que puede conducir a una depresión reactiva cuando estos problemas se acumulan y se vuelven demasiado abrumadores. Como todos sabemos, a veces es difícil señalar un aspecto específico como la causa de la depresión de una persona. Por lo general, esta condición se compone de varios factores diferentes de en la vida personal o profesional. Sin embargo, en muchos casos, la depresión es el resultado de eventos que una persona no puede manejar.

La depresión reactiva, también conocida como depresión situacional, es el trastorno mental más comúnmente diagnosticado. Comprender cómo funciona puede ayudarte a comprenderte mejor a ti mismo. Vale la pena recordar que este problema puede afectar a cualquiera de nosotros en cualquier momento. La incidencia de esta enfermedad puede verse influida por factores que escapan a nuestro control. Como decía Vicente Alexander en uno de sus poemas: "La vida es dura. Tan fuerte que a veces hasta remar duro no es suficiente… y encallamos".

Los eventos difíciles, como la pérdida del trabajo, el divorcio o la traición, pueden afectar la forma en que cada uno de nosotros los enfrenta de diferentes maneras. Algunas personas pueden acumular fuerza mental y adaptarse más rápido a nuevas situaciones. Para otros, el mismo evento afecta sus vidas como la ventana rota de un auto. El vidrio no suele romperse con el impacto, pero sus capas más profundas se ven afectadas. Por lo tanto, se manifiesta como un estrés intenso del que no somos conscientes al principio. Sin embargo, el vidrio dañado puede agrietarse con el tiempo. Además, una persona comienza a notar los primeros signos de depresión reactiva después de un evento traumático. Los trastornos psicológicos pueden manifestarse de diferentes formas en cada individuo, lo que se refleja en los resultados muy diferentes de los estudios de pacientes con el mismo trastorno.

La depresión es un caso especial porque sus síntomas y evolución también dependen de la personalidad del paciente. Sin embargo, la mayoría de las personas pueden experimentar algunos síntomas. Algunos de ellos son:

• El paciente experimenta sentimientos de tristeza y depresión inmediatamente después del evento-causa de la depresión.

• Renuencia a emprender cualquier acción. Pérdida de motivación y capacidad para disfrutar de las tareas cotidianas.
• Pérdida total de energía. Incluso levantarse de la cama está más allá de las fuerzas del paciente.
• Sentimientos de culpa y pensamientos negativos molestos.
• Se concentra sólo en los aspectos negativos.
• A diferencia de las personas con depresión endógena, las personas con depresión reactiva no experimentan dolores musculares intensos, dolores de cabeza ni pérdida de peso. Sin embargo, muchas de estas personas sufren de insomnio o somnolencia excesiva.

Las personas que sufren de estrés crónico tienen más probabilidades de desarrollar depresión reactiva. Este trastorno es más común en perfeccionistas y personas que tienen altas expectativas de sí mismos.

La aparición de depresión endógena está más influida por factores genéticos, mientras que la aparición de depresión reactiva está más influida por otros aspectos, como una baja autoestima o una reacción a una preocupación excesiva por el entorno. Se refiere a las personas que no tienen el control de sus vidas y creen que todo lo que les sucede, el éxito o el fracaso, depende de factores externos.

Toma el control de tus mecanismos de defensa emocional:

• **Aprende a escuchar tu cuerpo y a tus emociones**: cuando te sientas abrumado emocionalmente, impide que esa sensación avance. Así que tenemos que reconocer el momento en que nuestras emociones ya no sacan lo mejor de nosotros y la situación empieza a salirse de control. Esto nos impide decir cosas de las que nos arrepentimos más tarde, como herir a los demás.

• Aprende a reconocer los síntomas de un arrebato emocional. ¿Cómo surgió este malestar? Los síntomas pueden incluir sofocos, escalofríos, sudoración, pulso acelerado, etc.

• Aprende a reconocer cuándo aparecen estos síntomas. Activa los mecanismos de racionalización que previenen errores causados por respuestas automáticas y espontáneas.

• Aprende a activar un mecanismo diferente al que nacimos que se encarga de proteger nuestras emociones. Encuentra una manera de calmarte y recuperar la compostura distrayéndote de las cosas que causaron tu colapso emocional.

Cómo lidiar con el estrés

A lo largo de la vida, todo el mundo se encuentra en situaciones estresantes. El estrés (tensión) es un estado de fatiga mental que ocurre cuando una persona está bajo una fuerte influencia. Todo el mundo experimenta estrés y la forma en que se comporta en situaciones estresantes es muy importante.

Algunos consejos para lidiar con el estrés:

• **Las decisiones no deben tomarse bajo estrés extremo**. Cuando se trata de salvar vidas, los desastres naturales son una excepción.

• **Cuenta hasta diez**. Trata de salir de la habitación. Ve a otro lugar donde no haya gente o sal a la calle. Mira a tu alrededor lentamente. Mira un objeto y describe mentalmente su apariencia. Ayudará a deshacerse de la tensión interna.

• **Humedecer la frente, las sienes y las arterias de las manos con agua fría.** Recoge agua en un vaso (en casos extremos, en la palma de la mano) y bébela de manera lenta. Concéntrate en la sensación del agua corriendo por tu garganta.

• **Párate con los pies separados al ancho de los hombros** y, mientras exhalas, inclínate hacia adelante, relaja el cuello y los hombros, y deja que la cabeza y los brazos cuelguen libremente en el suelo. Toma una respiración profunda y exhala con cuidado. Continúa haciendo esto durante 1-2 minutos. Luego endereza el cuerpo lentamente; ten cuidado de no marearte.

Es importante comprender las causas del estrés y ser capaz de hacerle frente a sus efectos negativos.

Formas de lidiar con el estrés:

• Colaborar con personas fuertes y optimistas que comparten intereses comunes.
• Apoyo de seres queridos.

• Fuentes externas de fortaleza (naturaleza, música, libros).
• Hacer cambios positivos y recordar los buenos tiempos.
• Fijarse metas realistas y mirar la vida de manera objetiva
• Hacer ejercicios físicos
• Comer bien y seguir una rutina.
• Disfrutar la vida.

Recuerda, somos más fuertes cuando creemos en nosotros mismos.

La resiliencia es la capacidad de superar la adversidad, suprimir las propias emociones frustrantes, comprender las emociones de los demás y mostrar moderación e ingenio. Evitar el estrés es una parte importante del mantenimiento de la salud emocional. Es importante seguir los principios generales para aumentar la resistencia a las situaciones estresantes. Puedes extender tu vida y aumentar tu nivel varias veces.

Cómo lidiar con las experiencias desagradables

Diez mandamientos para superar el estrés emocional:

1. Lucha por una causa, no por tonterías

2. Trata a los demás como lo harías contigo mismo.

3. No intentes hacer todo a la vez, no olvides tomar descansos. Un trabajo monótono es agotador y un

cambio de rumbo puede ayudarte a mantenerte fuerte y saludable.

4. Apreciar la alegría de un estilo de vida verdaderamente sencillo, evitando toda pompa y pretensión; te traerá amor y afecto de quienes te rodean.

5. Antes de actuar en una situación de conflicto, evalúa tus fortalezas y la idoneidad de tus acciones.

6. Trata de ver el lado positivo de los acontecimientos y las personas. Toma el reloj de sol como ejemplo: cuenta solo los días felices.

7. Si existe la necesidad de iniciar un negocio (o una conversación) que te resulta muy incómodo, no lo dejes "para después". Incluso si algún negocio (o conversación) falla, trata de ver su "ventaja". No te concentres en los errores que recuerdas. Trata de aumentar tu éxito y confianza en ti mismo.

8. Establece metas realistas y significativas para todo lo que haces.

9. Aprende a recompensarte inteligentemente cuando alcances tus metas.

10. Piensa en ti, ámate y no te estreses.

Capítulo 2
¿Qué es la filosofía Zen?

"Zen" es la abreviatura de "Zenna", que es una transliteración del sánscrito Diyana. El sánscrito es una antigua lengua india. Cuando decimos "Zen" también nos referimos a "Zazen" o "secta Zen".

Los orígenes del "Zen" se remontan a la antigua China. El fundador del Zen es un monje budista indio llamado Bodhidharma. "Dharma" es la palabra para "ley".

Bodhidharma vivió en los siglos V y VI dC. Viajó a China como discípulo de Buda y sistematizó y difundió el Zen. El budismo Zen que introdujo finalmente se dividió en cinco escuelas, incluidas la secta Linji y la secta Caodong, que se introdujeron en Japón y tuvieron una gran influencia. Además, el Zen es una práctica budista similar a la meditación (meditación Zen) que se practicaba desde la época de Buda alrededor del año 500 d.C.

En el budismo, se cree ampliamente que Buda alcanzó la iluminación al meditar bajo el árbol bodhi. Además, el Dhamma Sutra, una de las primeras escrituras budistas, resume las palabras y los hechos de Buda y describe la aparición de Buda y sus discípulos en la meditación Zen.

Fundamentos de la enseñanza Zen

En la raíz de la enseñanza del "Zen" se encuentra la idea budista de "Furyumonji". Significa que es la esencia del Zen transmitir la enseñanza a través de la experiencia del entrenamiento, además de la enseñanza por medio de letras y palabras.

El **"carácter no correspondido"** es también una de las "cuatro escrituras" que predicó Bodhidharma Daishi, y se dice que están conectadas y alcanzan la iluminación.

"Furyumonji": La idea de que es importante aprender las enseñanzas de Buda a través del entrenamiento.

"Kyogebetsuden": La idea de que las enseñanzas de Buda se transmiten de corazón a corazón.

"Mente humana con los dedos directos": una práctica de Zazen de mirar fijamente la propia mente en el sentido de "señalar la mente humana".

"Denotación de Budeidad": una práctica en la que uno mira el propio corazón con un "corazón humano de dedos directos" y mira la naturaleza de Buda dentro de uno mismo.

"Zen" es la práctica de volver a la verdadera naturaleza

Nacido en la India, el "Zen" fue introducido desde China a Japón y se extendió por todo el mundo. En primer lugar, Zen es una abreviatura de "secta Zen", una secta del budismo Mahayana, "Zenna", que es una transliteración de la palabra sánscrita que significa "unificar la mente y perseguir la verdad", o "zazen".

A menudo se dice que "Zen" no es una creencia sino una práctica. En lugar de adorar a un dios específico, el objetivo es volver a nuestro "yo" natural.

Aprender Zen

• **Obsesionado con el pasado**
Casi todos nos hemos preguntado en algún momento, "¿Por qué estoy haciendo esto?" Cuanto más miserable, más profunda es la preocupación.

En este caso, si te "enfocas en lo que tienes enfrente", te enfocas en el "aquí y ahora", tus pensamientos anteriores serán removidos y tus preocupaciones y ansiedades desaparecerán. Como resultado, te sentirás cada día más satisfecho porque estarás mentalmente relajado y tu mente estará en orden.

• **Envidiar a los demás y compararse con ellos**
Por mucho que lo desees, no puedes ser alguien más. Cuanto más te compares con los otros, más probable es que te vuelvas obsesivo y celoso. Las obsesiones crecen y plagan a las personas. Toma tu situación actual y observa lo que puedes hacer cada día. Si tu objetivo es "¡Esta es la persona que quiero ser!" en el futuro, comienza a prepararte para la acción y hazte la pregunta: "¿Qué debo hacer?" y entonces ¡Hazlo! No pierdas el tiempo en envidiar a los demás.

• Me gustaría ser felicitado

Soy feliz cuando la gente me felicita. Pero, ¿no es un desperdicio vivir una vida que urge de elogios, como si todo lo que hicieras fuera para obtenerlos? Si quieres elegir este camino en la vida, hazlo bajo tu propio riesgo... Pero tienes que hacer lo que quieras con tus valores, aunque los demás no estén de acuerdo contigo, hasta que finalmente encuentres un equilibrio y te des cuenta de que no podemos complacer a todos y tampoco anhelar que todos nos amen, sobre todo porque algunas personas ni siquiera se aman a sí mismas.

Aprende técnicas Zen cotidianas

Levántate 30 minutos antes de lo habitual para limpiar la habitación. Simplemente abre las ventanas y deja que el aire fresco de la mañana fluya para limpiarla y te sentirás renovado. Un buen día comienza con un buen comienzo.

• Renunciar a cosas innecesarias

La filosofía de Zen es eliminar por completo las cosas que ya no utilizas. Desecha las cosas que normalmente ya no cumplen un papel importante en tu vida. Deja ir el exceso y el espacio y la mente se refrescarán. ¿Por qué no averiguar lo que realmente necesitas y vivir de forma sencilla?

• No uses información que no necesitas

La gente moderna está rodeada de una gran cantidad de información. La sobrecarga de información puede confundir a una persona y ponerla en una posición en la que no puede tomar una decisión. Para tu tranquilidad, es importante limitar la información a lo que se necesita. Por otro lado, la información siempre será manipulada por intereses económicos y políticos dominantes, por lo que si no puedes estar seguro (dudar) de lo que te están mostrando, estás siendo manipulado.

Palabras Zen para recordar

• Corazón sin nubes..."Kisha"

Tenemos un corazón hermoso como un espejo que no se oscurece por naturaleza, pero nuestra obsesión por algo nos nubla el corazón. Me gusta tirar lo que creo que ya no es importante. Si puedes desprenderte de algo, se crea el hábito, y lo podrás hacer también con otras cosas más. Toma en cuenta que no solo se trata de cosas, también de tóxicas relaciones o de recuerdos que dañan. Al descartar lo superfluo, se puede ver claramente lo importante.

• Apretón de manos... "hashukyoukou"

Vivimos en una sociedad en la que nos enfrentamos a la competencia todo el tiempo. Incluso cuando competimos como rivales, trabajamos juntos para lograr metas altas. También enfatiza la importancia de tener un buen compañero del que poder tomarse las manos.

• Un corazón honesto y natural... "Alegría en todas partes"

Cuando las personas nacidas y criadas en diferentes entornos se encuentran, surgen naturalmente fricciones y malentendidos. En este caso, si te sueltas de la vanidad de querer demostrar que eres más grande de lo que eres, tu corazón estará más ligero y podrás seguir adelante en la relación. Sé siempre natural y honesto.

• Gracias ahora... "Chisoku"

El Zen nos enseña la importancia de estar agradecidos por todas las cosas. Agradece saber que ahora estás satisfecho. Las aspiraciones no son algo malo, pero los deseos son infinitos. El deseo sin agudeza poco a poco te obsesiona, y, termina por afligirte. Da gracias por lo que tienes ahora y lo que puedes alcanzar con un poco de alcance. Cuando piensas: "Estoy satisfecho", la paz llega a tu corazón.

• El viento que eleva la altura... "Hohokore Dojo" "Hohoiseifu"

La vida se desarrolla sola, y todo lo que nos rodea es un lugar para aprender. Dependiendo de tu idea, este será un dojo donde podrás crecer en cualquier lugar o en cualquier situación. La frase Zen "Fa Fa Qing Feng" corresponde a esto. Cuando eres indiferente a todo lo que tienes delante, una agradable brisa acariciará suavemente tu mejilla.

• Todos son hermosos... "Meimei Tari Hyakusoto"

Cada uno tiene su propia belleza, todos tienen un papel que desempeñar y todos brillan juntos. No hay nadie en el mundo que no lo necesite.

• Mírate..."Shoko Legs"

La palabra "Mirando tus pies", que puede verse en la entrada de un templo, no solo significa "mirar de cerca tus pies" sino también "mirar hacia atrás y reflexionar sobre ti mismo". En primer lugar, quiero tener en cuenta todos los días desde el punto de mirar hacia atrás a mí mismo.

¿Cuál es su impresión del "Zen" y el "Lenguaje del Zen"?

Para muchas personas, esta disciplina les puede resultar difícil o un gran obstáculo. Todo lo contrario, Zen son simples enseñanzas e ideas del budismo Zen, que están al alcance de todo el mundo.

Hay muchos dichos Zen para tener en cuenta en tu vida diaria que pueden ser pistas para preparar tu mente y resolver tus preocupaciones. Zen ha pasado a primer plano al ser incorporado a nuestras vidas por celebridades de las compañías más grandes del mundo. Actualmente existe una práctica llamada mindfulness, un método que promueve la calma a través de la meditación. De hecho, el mundo del Zen es muy familiar.

¿Qué es Zen?

Como lo he dicho al comienzo, el Zen es una abreviatura de budismo Zen. La secta Zen es un término general para denominaciones como la secta Rinzai, la secta Soto y la secta Obaku que se introdujeron de China a Japón.

Zen tiene como objetivo unificar el espíritu y vivir la forma de vida original de los seres humanos. El budismo Zen tiene en común que el zazen se realiza para el entrenamiento de la unificación espiritual.

La palabra Zen es una traducción china de la palabra sánscrita india "Daiyana" y la palabra pali "Jana". Aplicando el carácter chino "Zenna", Na cayó y se convirtió en la palabra Zen. Además, "Jana" también se tradujo como "Sada (Zen Sada)" y "Pensamiento", que se consideraba con el mismo significado que la unificación del espíritu, es decir, la meditación. Dado que la meditación en el budismo se refiere a realizar Zazen, Zen y Zazen tienen significados similares.

Para el Zazen debes sentarte tranquilamente en una posición erguida y mirarte a ti mismo. Al centrarnos en una cosa, nuestro objetivo es deshacernos de los apegos y las creencias, y ser capaces de capturarnos a nosotros mismos y a las cosas con un corazón fresco.

El fundador del budismo, Gautama Buda, formó una meditación y se iluminó mientras meditaba y se convirtió en Buda. El Buda se dio cuenta de que todos los seres vivos nacían con la naturaleza de Buda.

Originalmente, todos tienen un corazón puro e inocente (naturaleza de Buda), pero se dan cuenta de que están perdidos, preocupados y hacen cosas malas porque están obsesionados con los apegos y las creencias.

¿Qué es el lenguaje Zen?

Lenguaje Zen es una palabra corta que predica enseñanzas Zen. En el Zen, especialmente en la secta Rinzai, existe un intercambio llamado pregunta y respuesta Zen, en el que maestros y alumnos preguntan el grado de comprensión del Zen.

En el budismo Zen, los practicantes están hechos para experimentar las mismas cosas que sus predecesores, como excelentes sacerdotes Zen, y tratan de experimentar los mismos sentimientos que desencadenan su iluminación. La pregunta y respuesta para confirmar esta iluminación Zen es la pregunta y respuesta Zen, y el problema que desencadenó esta iluminación Zen se llama koan.

El lenguaje Zen expresa las palabras y los episodios de los sacerdotes Zen, incluidas las palabras citadas de este koan, y se condensa el mundo del Zen.

Historia del Zen

Alrededor del siglo V, el vigésimo octavo discípulo de Buda, Bodhidharma, contando desde Buda, viajó a China para enseñar Zen. Alrededor del siglo VII, China se divide en las sectas del Norte y del Sur. El budismo Zen se extiende por toda China y se convierte en una pandemia. Alrededor del siglo XIII (período Kamakura), Eisai, que fue a South Song, regresó a Rinzai Zen (secta Rinzai), y Dogen también regresó a China para contarle a Soto Zen (secta Soto).

Desde entonces, se han construido templos Zen en varios lugares, y el Zen se ha extendido por todo Japón, desde los guerreros hasta la gente común, penetrando en diversas áreas de la cultura y el arte japonés. Luego, alrededor del período Edo, Huang Xuanzong se independizó de Linjizong.

En la historia del Zen, los escritos dejados por los monjes Zen como "La barrera sin puertas", la doctrina Zen, los episodios de maestros y discípulos y los koan de las preguntas y respuestas Zen se transmitieron como palabras Zen. De hecho, hay palabras Zen en japonés que solemos usar, como "saludos", "Ishindenshin" y "principiantes".

El mundo del Zen es familiar para muchas partes de la cultura japonesa y permanece como una palabra.

Encanto Zen

Diariamente, estamos constantemente preocupados, confundidos, celosos, enojados, enfermos y estresados. A veces el corazón se cansa de pensar demasiado.

El Zen posee palabras para ayudarte a mantenerte calmado y activo a medida que te acercas a la fatiga.

Una lista de dichos Zen recomendados para la accesibilidad

Hemos recopilado algunas palabras Zen recomendadas que mejorarán tu estado de ánimo con solo un poco de conocimiento.

Nichinichi Kore Kojitsu

Traducido literalmente, "cada día es un buen día". Palabras del maestro Zen Yunmen en la colección de asuntos públicos "Qingyalu". En lugar de juzgar si cada día es bueno o malo, es mejor vivir con el corazón que cada día es un día precioso insustituible.

La mente normal

La forma de trabajar en la vida diaria es la iluminación tal como es. Las palabras de Mazu Daoyi. La "mente normal" que solemos usar es calmarnos y tratar de estar tranquilos como de costumbre, pero la palabra Zen "mente normal" es aceptar obedientemente la mente pura e indómita. No te excedas, no te confundas, no te sientas triste o feliz, y afirma los movimientos emocionales que naturalmente te mueven.

Chisoku

Significa saber que es "suficiente". De la escritura primitiva budista "Sutta Nipata". No estés insatisfecho, no seas celoso, piensa que tu situación y lo que tienes es "adecuado para ti", es "suficiente" y puedes vivir en paz y estabilidad. No importa cuán codicioso seas, siempre será difícil satisfacerte.

Waganse

Significa siempre sonreír e interactuar con la gente. En el budismo, el término "Siete sacrificios samuráis" se usa para la curación de los ojos (una mirada cálida), la curación facial japonesa (sonrisa), la curación de la boca (palabras firmes y amorosas) y la curación del cuerpo (servicio al cuerpo). Por ejemplo, apariencia (cariñoso y atento), sentarse en el suelo (dar espacio y ubicación), asesoramiento (dar alojamiento y espacio). Al dar (buenas obras) a los demás sin esperar nada a cambio, tú y los demás se vuelven felices. Es bastante difícil, pero es agradable ver las caras sonrientes de la gente y poder pasar el tiempo de buen humor.

Todas las cosas son originales y únicas

Son de naturaleza vacía y no tienen nada por lo que debamos aferrarnos. Las personas nacen sin nada, pero están ocupadas con varios apegos como el estatus, el honor y el reconocimiento. Si no tenemos nada primero, dejemos nuestros apegos y vivamos la vida tal como es. Puede ser difícil de soportar, pero desearía poder descargar mis hombros y vivir mi vida tal como es.

Ecuanimidad

Desecha todos los archivos adjuntos (inservibles). Las palabras de Zhaozhou Kazuhisa de "alabanza Goke Masamune", significan desechar los deseos mundanos, los engaños, la codicia, la apariencia y el orgullo mal expresado. Incluso si te mientes a ti mismo y te obligas a ti mismo, el deseo de ser reconocido y querido no se puede abandonar fácilmente, pero es doloroso quedar atrapado y estresado sin darte cuenta que tus pensamientos y actitudes egoístas te manipulan. Sería genial si pudieras dejar de lado todos esos pensamientos molestos y pasar un rato refrescante contigo mismo.

Mente flexible

Mente blanda. De "Hokei-ki" de Dogen y su maestro, Rujing. Significa que si tienes una mente flexible que no está atada a las cosas, podrás ver las cosas desde una perspectiva amplia y ser aceptado por ti mismo y por los demás. Si puedes tratar con los demás con un corazón blando, puedes escuchar sus opiniones sin importar si son correctas o no.

El personaje principal

Significa tener un yo independiente de lo que opine la gente. Un episodio de "La barrera sin puertas" Osho Mizuiwa siempre se llama a sí mismo "¡el personaje principal!" Mientras hace Zazen, y después de responder "sí", dice "¿estás despierto?" y "no te dejes engañar por la gente".

Al invocar y confirmar tu verdadero yo, que tiendes a olvidar, no le perderás de vista. "Quiero tomar la iniciativa en mi vida y caminar con firmeza".

Intención original sin cambios (Shoshinfukai)

Mantener la intención original sin cambios. De "Récord Acantilado Azul". Significa mantener un corazón limpio y puro cuando empiezas algo. La lectura favorita de Steve Jobs "Zen Mind Beginner's Mind" también explica la importancia de la intención original.

A medida que te acostumbras a todo, tiendes a olvidar los sentimientos directos y decididos que tenías cuando empezaste a estar enojado, querer ser evaluado o ser negligente. Al mantener tus intenciones originales, puedes continuar enfrentando las cosas con seriedad sin confundirte con pensamientos innecesarios.

Un hogar para la práctica Zen

Si tienes un ambiente en tu casa donde puedas estudiar y leer de manera tranquila, las palabras que leas vendrán a tu mente. Necesitas una silla o escritorio donde puedas concentrarte, iluminación adecuada y espacio para ello. También es común preparar un ambiente de trabajo para las personas que trabajan desde casa.

Además, teniendo en cuenta el orden, la limpieza y la facilidad de ordenar, será necesario contar con un amplio espacio de almacenamiento.

Cómo abandonar tus creencias y apegos

En primer lugar, me gustaría hablar sobre por qué los seres humanos tienen sentimientos de sufrimiento. En el Zen y el budismo, cuando las cosas no salen como se las espera, incluidos los sentimientos, son interpretados como "dolores". El sufrimiento surge de la diferencia entre los ideales y la realidad.

Por ejemplo, supongamos que tienes al Sr. A y al Sr. B que poseen el mismo ingreso anual de 4 millones de dólares. El Sr. A está muy satisfecho con su ingreso anual actual. Por otro lado, el Sr. B está muy insatisfecho con dicho ingreso. Aunque están en la misma situación, uno es feliz y el otro, no.

En otras palabras, la felicidad/infelicidad no es la cantidad de ingresos anuales, sino en cuánto se hacen realidad los pensamientos. La idea del Zen y el budismo es que la diferencia entre el corazón de uno y la realidad es la causa del sufrimiento.

Solo hay dos formas de eliminar la brecha entre los ideales y la realidad. Cambiar el exterior o el interior. Cambiar el entorno para que se adapte a tus ideales o cambiar tu propia forma de pensar. Principalmente. La gente trata de cambiar el exterior, pero esto es difícil de cambiar. Si tratas de cambiar el exterior y la situación permanece sin cambios, eventualmente te quedarás atascado. En otras palabras, es mucho más fácil cambiarse uno mismo.

Hay un episodio como este. En un momento, un monje visita a Zhaozhou Osho. El monje le pregunta a Zhaozhou Osho. "Pude tirar todo. Ahora que he alcanzado la cima, ¿qué debo hacer en el futuro?" Zhaozhou Kazuhisa respondió: "Ropa interior". "¿La ropa interior?, dijo el aprendiz. Zhaozhou Kazuhisa dijo:" Si no puedes tirarla, llévate tu ego ".

La ecuanimidad significa deshacerse de todos los apegos y vaciarlos.

Los humanos no son buenos en los actos de "dejar ir" y "tirar".

Budda una vez les explicó a sus discípulos qué significaba llevar una carga. En un momento, un viajero se acercó a un río muy grande. En el borde comprendió que no podía cruzar a la orilla opuesta. Pensó y reflexionó que con una balsa lo podría lograr, así que construyó una, pero al llegar al otro lado, comprendió que la balsa le era muy importante, por lo que no podía abandonarla, y el resto de su travesía por el desierto la acarreó consigo. Así, muchos, andan por la vida acarreando balsas inútiles para sus presentes.

Después de contar esta historia, Buda pregunta a sus discípulos. "¿Creen que la actitud de este viajero fue apropiada? Estoy seguro de que nadie piensa eso". Si caminas con una balsa, pronto te cansarás. En otras palabras, aunque sea útil o correcto, el apego lo convierte en algo que causa una carga. Ni siquiera deberías estar obsesionado con lo que está bien, y mucho menos obsesionado con lo que no está bien, y solo estás sufriendo. Por eso es una enseñanza alejarse de la obsesión.

Como premisa mayor, me gustaría recordar que la 'ecuanimidad' no significa que cualquiera pueda ser feliz sin la práctica. Las personas que quieren vivir quieren una obsesión, y hay muchas situaciones en las que tienen que ser obsesivos para lograr sus objetivos para vivir en sociedad. Las personas que se sienten felices y pueden adaptarse a la sociedad sin sufrir, entienden el concepto de ecuanimidad.

¿Qué pasa con una persona que le es difícil vivir porque no encaja con los valores y el sentido común del mundo? Por ejemplo, una persona que está cansada de trabajar horas extras, pero se esfuerza porque todos lo están haciendo. Gente que no puede rechazar la invitación de su jefe a una fiesta para beber y está acumulando estrés. Las personas que quieren dejar la empresa, pero no pueden hacerlo porque les importa el "qué dirán". En algunos casos, la energía positiva se convierte en energía estresante.

Además, hay personas que tienen dificultades en su día a día debido a su alto nivel de vida y a su obsesión por los productos de marca. Esa gente, a través de la palabra ecuanimidad, puede lograr tranquilidad.

Por supuesto, depende del individuo practicarlo o no. Zen y el budismo no te obligan a hacer esto. El Zen y el budismo son, por así decirlo, hospitales para personas atrapadas. Y la ecuanimidad es como una receta. Si lees estos pensamientos y piensas "pongámoslo en práctica", ya te estás recuperando de tu condición. Si puedes pensar en "tirar", puedes ver la luz. Si estás interesado, ¿por qué no das un paso adelante?

Capítulo 3
Principios Zen

A veces te sientes frustrado, triste o irritado por las pequeñas cosas que ocurren en tu vida diaria. En este caso, la idea de "ZEN" es calmar la mente y brindar orientación para que puedas volver al equilibrio mental y la paz deseada. Steve Jobs, el fundador de Apple en Estados Unidos, es famoso por su apuesta por esta forma de pensar Zen; pero, además, empresas como Google, Intel, IBM, Facebook, etc. la utilizan para sostener los corazones y las mentes de sus empleados.

Con la popularidad de la meditación y el yoga, cada vez más personas están interesadas en esta filosofía de vida, por lo que más a menudo muchas empresas la incluyen en la capacitación corporativa; aunque vale decir, que no son tantas las personas capacitadas para enseñar y explicar las ideas y los programas del "Zen.

Sé que muchas técnicas Zen son muy útiles para aquellos que quieren vivir una vida pacífica y feliz. Por eso he identificado cinco enseñanzas Zen que se pueden aplicar fácilmente a la vida moderna.

1. Elige tu técnica de meditación

Una gran parte de la vida de un monje budista es la meditación; aunque quedarse en un lugar tranquilo puede no ser lo tuyo. En mi caso, correr y hacer ejercicio se han convertido en mi meditación. La idea principal de la meditación es participar activamente en la realidad de un momento particular (aquí y ahora).

Entiendo que no importa qué actividades hagas para lograr un momento exclusivo y personal. Meditación, yoga, correr, ejercicios: tú decides qué funciona para ti. Sé uno con tu cuerpo, despeja tu mente y hazlo regularmente.

Una nota: la meditación no funciona si estás haciendo seis mil cosas a la vez. Últimamente, he aprendido a darle turnos a las cosas: dejo de escuchar audiolibros y podcasts cuando estoy realizando algo importante o haciendo ejercicio. Mi entrenamiento ha sido mucho más efectivo desde que dejé de mezclar las cosas. Hoy le pongo turno a todo: correr, levantar pesas, desarrollar músculos, respirar, etc. Todavía disfruto escuchando música mientras hago esto porque es un excelente fondo para mi entrenamiento. No necesitas estar concentrado, solo déjate llevar.

2. Disfruta el momento

Para citar al monje Zen vietnamita Thich Nhat Hanh: "Bebe té despacio y con reverencia como si fueras el eje sobre el que gira la tierra: lenta, constante, hacia el futuro". No tienes que reinventar la rueda para vivir una vida plena. No tienes que ser el más joven para escalar el Monte Everest; ni siquiera debes ser millonario para sentir el disfrute. No me digas que no puedes detenerte y saborear una taza de café mientras pones la mente en sintonía con la naturaleza y no con la vida ajetreada.

Asegúrese de disfrutar la mayor parte del día. Digo "la mayoría" porque probablemente estés demasiado ocupado para disfrutar cada momento. Esto no es posible a menos que seas un monje. Pero puedes parar unos segundos cada día y disfrutar el momento. Aquí no debería haber excusas.

3. La felicidad está más cerca de lo que crees

A menudo encontramos la felicidad en cosas externas: viajes, un nuevo trabajo o nueva pareja, mudarnos a otra ciudad o país, etc. Si no estás satisfecho ahora, quizás lo puedas estar con una nueva experiencia; pero no necesariamente siempre sea así.

Una cita del filósofo Zen japonés Dogen lo explica bien: "Si no puedes encontrar la felicidad donde estás, ¿dónde más puedes encontrarla?"

No busques la felicidad en otra parte. Encuéntrala justo donde estás ahora mismo. Cuando eres feliz, es más fácil permanecer feliz.

4. Centrarse en el proceso

A los monjes y maestros Zen no les importan los resultados. Se enfocan en las costumbres, rituales y procesos que sustentan la forma de vida Zen.

A menudo estamos ciegos y pendientes de los resultados que tratamos de lograr, mientras olvidamos por completo por qué estamos haciendo lo que estamos haciendo. No creo que sea malo tratar de lograr algo.

No quiero dejarlo todo para ir a un monasterio. Pero trata de crear hábitos y rituales que se alineen con lo que quieres lograr. Al centrarte en el proceso, los resultados aparecen automáticamente.

5. El sentido de la vida es vivir

El filósofo británico Alan Watts conoció las enseñanzas del Zen en 1936 en una conferencia en la que hablaba el autor japonés D. T. Suzuki. Este hombre contribuyó en gran medida a la difusión de las ideas Zen en Occidente.

En ese momento, Watts, de 21 años, quedó fascinado con el Zen. Ha escrito muchos libros. Uno de los más populares es una forma de budismo Zen.

Watts dijo: "El significado de la vida es estar vivo. Es tan simple y claro, pero todos corren hacia algún lugar presas del pánico como si tuvieran que hacer algo sobrenatural". Suena obvio, pero lo diré de todos modos: en lugar de pensar constantemente en ello, es mejor vivir tu vida. Ayuda, resuelve problemas, agrega valor y, sobre todo, diviértete. Tómate tu tiempo en la vida. Todo terminará antes de que te des cuenta. Para mí, esta es la verdadera forma de vida Zen.

Enseñanzas Zen

Traducido del japonés, Zen significa: "Piensa bien", "Concéntrate en hacer algo". Las enseñanzas Zen son la base de la filosofía religiosa budista que sigue la tradición del budismo Mahayana que se originó en China y luego se hizo conocido en todo el Lejano Oriente (Vietnam, Corea, Japón).

Esta religión tiene otro nombre oficial: "Corazón de Buda" o "Mente de Buda". Ambas opciones se consideran correctas. La idea principal y la esencia de las enseñanzas Zen es la siguiente:

El Zen no se puede enseñar. Los gurús solo aconsejan a los seguidores en el camino hacia la iluminación. Cabe señalar que los maestros de esta religión no usaron la palabra "alcanzar la iluminación" en su vocabulario. La forma correcta de decirlo es: "ve a través de ti mismo" y "hazte mejor". Es imposible mostrarles a todos "el camino", porque todos son independientes y tienen su propia visión sobre las posiciones de la vida, las experiencias y las situaciones en que atraviesan. Tienes que encontrar tu propio lugar y no reemplazar la conciencia con la realización de lecciones, prácticas especiales, o la persistencia de pensamientos impuestos. El lenguaje humano, las imágenes y las palabras son irrelevantes. Es imposible alcanzar la iluminación con ese tipo de ayuda prefabricada; todo debe depender y proceder de ti.

Los principios Zen se basan en cuatro verdades:

1)   **La vida es sufrimiento**: cuando una persona se da cuenta de esto, da todo por sentado.

Las personas no son perfectas, el mundo no es perfecto: si quieres convertirte en Zen, tienes que aceptarlo. El Buda entendió y lo aceptó. Se dio cuenta de que una persona pasa por muchas cosas en su vida: sufrimiento, enfermedad, deambular, situaciones desagradables, tristeza, dolor.

Las siguientes 3 verdades son deseos:

2)   Deseo de compromiso

Buda creía que la causa principal del sufrimiento psicoemocional es el apego a los propios deseos. La vida no es buena para nosotros si no conseguimos nada. Pero no te enfades y te enojes, tienes que aceptarlo.

3)   El fin del sufrimiento

Si sueltas el apego a los deseos y te deshaces del sufrimiento, las preocupaciones y los sufrimientos de tu mente se aclararán. Este estado mental se llama Nirvana en sánscrito.

Pasando el camino al final del sufrimiento, el nirvana es fácil de alcanzar si llevas una vida tranquila. Sigue el Camino Óctuple, que es la superación personal en tus deseos. El maestro debe ver su naturaleza para poder enseñar esto a sus alumnos. Además, debe ver la condición real del estudiante. Solo así el maestro podrá dar los consejos e instrucciones correctos al impulso de despertar.

La filosofía Zen incluye la doctrina de los tres matrimonios. Por eso todos los problemas, tormentos y errores surgen en la vida humana.

Tal maldad debe incluir lo siguiente:

El hombre no comprende su naturaleza: la mente está nublada, hay un estado interior constantemente inquieto e incluso manifiesta estupidez. Hay aversión a situaciones específicas, cosas. Presentación de algo como un mal independiente, opiniones duras sobre la vida.

Apego excesivo: a algo agradable, tenacidad por cosas innecesarias en esta vida. Por lo tanto, las reglas del Budismo Zen dicen:

• **Calma tu mente**. Ten más calma, no te pongas nervioso por las pequeñas cosas, para que la vida transcurra en paz y armonía.

• **Deshazte de las miradas duras**. Entiende que las personas malvadas crean a su alrededor con sus manos. Si miramos la vida de manera diferente, todo lo que nos rodea cambiará.

• **Deshazte del apego**. Entiende que lo bueno está en lo poco y en las cosas sencillas, de lo contrario la vida perderá su sabor y colores brillantes.

• No debe existir una sed insaciable de placer. Todo está bien con moderación. Los estudiantes reciben varios consejos, pero de tal manera que sean comprensibles para una persona en particular. Ejemplo: Medita para calmar tu mente. Al mismo tiempo intenta seguir todos los consejos del profesor. No intentes alcanzar la paz y la iluminación, sino deja ir todo lo que sucede a tu alrededor.

Los participantes de Zen practican mucha meditación sentados y realizan trabajos sencillos. Esto puede ser emprender algunos cultivos en las montañas o fabricar vasijas de barro. El objetivo principal es calmar la mente y unir los pensamientos. Entonces cesa la agitación, desaparece la nubosidad de la mente (los maestros Zen creen que la mente de todas las personas modernas está nublada) y se estabiliza el estado de quietud. Después de la iluminación es más fácil ver tu esencia natural.

Capítulo 4
El valor de la meditación

Tipos populares de meditación, desde la trascendental hasta la Zen

La meditación se ha practicado en Egipto y China durante siglos, y solo se hizo popular en el mundo occidental a principios del siglo XX. Muchos estudios han descrito los beneficios de la meditación, incluida la investigación pionera dirigida por los Dres. Herbert Benson, quien destacó varios beneficios para la salud de quienes la practican, como la reducción del ritmo cardíaco y el aumento de las ondas cerebrales que inducen el sueño.

Aquí hay siete de las variedades de meditación más populares y lo que funciona mejor para cada una.

1. Meditación guiada
Esta meditación es probablemente la mejor opción para aquellos que recién comienzan. En las meditaciones guiadas, un entrenador te conduce a través de la práctica en persona o a través de una aplicación digital. Un entrenador te ayuda a concentrarte y relajarte.

2. meditación de atención plena
Una forma de meditación inventada por los budistas hace más de 2000 años. Según Jon Kabat-Zinn, Ph.D., biólogo molecular y profesor de meditación, la atención plena es "Conciencia que surge al prestar atención, deliberadamente, en el momento presente, sin juzgar".

Esta meditación puede ayudarte a reducir el estrés, mejorar los patrones de sueño, mejorar el enfoque y aumentar la creatividad.

3. Meditación de chakras

La meditación de los chakras es un término general para cualquier forma de meditación que tiene como objetivo despejar los chakras bloqueados, conectar los centros de energía de la mente, el cuerpo y el espíritu, y aprovechar el poder de estos centros en todo el cuerpo. Esta forma de meditación se puede utilizar para cualquier cosa, desde crear paz y relajación hasta estimular el despertar espiritual (aunque la meditación del despertar espiritual debe ser guiada por un profesional).

4. Meditación trascendental

Esta forma de meditación es una de las formas de meditación más populares en la actualidad. Para aquellos que quieran practicar la Meditación Trascendental, pueden sentarse con los ojos cerrados 2 veces al día durante 20 minutos y recitar las lecturas dadas por sus instrucciones.

5. meditación en movimiento

Como sugiere el nombre, esta meditación requiere mucho movimiento. En tan solo 10 minutos al día, tu estrés y ansiedad desaparecen. Los ejemplos de meditación en movimiento incluyen yoga, tai chi o artes marciales.

6. Meditación de visualización

Fiel a su nombre, este estilo de meditación visualiza una buena vista o imagen para mejorar los sentimientos de relajación y serenidad. La meditación de visualización, más que algunos de los otros estilos de meditación en esta lista, a menudo tiene un objetivo final específico en mente, en lugar de los objetivos más generales de calma y felicidad.

7. Meditación Zen

La meditación Zen es un tipo de meditación relacionada con las enseñanzas budistas. Debes hacerlo bajo instrucciones profesionales porque este tipo de meditación implica ciertos pasos y posturas. Para poder hacer esta meditación se requiere práctica frecuente.

La meditación Zen es una técnica de relajación meditativa del Buda. Es la técnica más popular del mundo, es el corazón de la enseñanza budista.

Los beneficios de la meditación Zen incluyen:

* Aprender a tener una buena concentración
* Posibilidad de autoconocimiento.
* Obtener paz y alegría
* Mejorar la salud
* Surgimiento de la fuerza de voluntad
* Aumento de la energía interna

Advertencia: si haces todo bien, habrá una tormenta emocional dentro de ti. Esta condición puede ocurrir en unos pocos días o semanas de práctica. Tus emociones reprimidas se elevarán a la conciencia. En este punto, es importante no luchar contra ellas, sino darles la oportunidad de chapotear. Después de eso vendrá la paz, la claridad mental y la alegría.

Consejo: no intentes comprender artificialmente el misterio del Zen. No te concentres en inhalar y exhalar. Lo más importante sucederá entre estos procesos: se revelarán los secretos del universo, te conocerás a ti mismo, etc. Solo medita apropiadamente y todo sucederá naturalmente.

Estos son los beneficios de la meditación consciente:

1. Reducir la culpa

Estos sentimientos son los que desarrollamos desde la infancia para deshacernos de conductas que se consideran malas. Pero a veces estos sentimientos de culpa son tan fuertes que a menudo nos culpamos a nosotros mismos cuando fallamos a los demás o a nosotros mismos. La práctica de la meditación te permite concentrarte únicamente y estar presente en el momento presente. Entrénate para creer que, independientemente de los errores del pasado, te convertirás en parte de ti mismo. Al mismo tiempo, quien eres ahora no es quien eras en el pasado.

2. Trae paz

Los ejercicios de respiración definitivamente nos relajarán. Quizás tu mente esté nublada por la ansiedad sobre los planes futuros, la fatiga por actividades estresantes y preocupaciones por cosas innecesarias. La mente se vuelve ocupada y fuera de control. Pensar demasiado puede estresarte. Se necesitan ejercicios de respiración para calmarse. En realidad, los pensamientos "caóticos" seguirán existiendo, pero con ejercicios de respiración puedes controlar estos pensamientos, y hacer que te concentres en una sola cosa. Cuando tus pensamientos se salgan de control, intenta realizar ejercicios de respiración.

3. Ayuda a establecer prioridades

Como se mencionó anteriormente, el beneficio de la meditación es que te ayuda a controlar la dirección de tus pensamientos y te permite concentrarte. Esto también fue confirmado por una investigación publicada en la revista Psychological Science en 2010. También ganas más claridad al establecer tus prioridades. Esto es para evitar la ansiedad y la preocupación cuando no obtienes resultados. Priorizar te permite concentrarse en hacer algo cada día.

4. Mejorar la calidad de vida sexual

Un estudio de 2011 publicado en la revista Psychosomatic Medicine, citado por Live Science, encontró que las mujeres que practicaban la meditación mejoraron su experiencia sexual. A menudo, las mujeres no están presentes durante las relaciones sexuales, lo que las llenan de ansiedad, por ejemplo, sobre cómo reaccionará su pareja o está preocupada por su cuerpo. Ser plenamente consciente durante las relaciones sexuales puede mejorar la experiencia sexual al eliminar los pensamientos ansiosos del cerebro.

5. Conócete a ti mismo

La meditación te ayuda a conocerte a ti mismo, ¿por qué? La meditación trae la conciencia de estar presente en el momento presente. Durante este tiempo puedes creer las suposiciones que circulan contigo, creer lo que otras personas dicen de ti. Con la meditación, miras dentro de ti, perdonas los errores que cometiste en el pasado. Además, también harás el trabajo conscientemente, es una muestra de lo valioso que es el trabajo, eres consciente de la libertad que tienes. A veces, cuando estás tan absorto en el trabajo que estás haciendo, te dejas llevar por el papel y olvidas quién eres realmente.

6. Evita el estrés

La meditación reducirá tu estrés. Según Giuseppe Pagnoni, neurocientífico de la Universidad Emory de Atlanta, citado por el sitio Live Science, existe evidencia que sugiere que la terapia conductual mediante la meditación que incorpora elementos de atención plena puede reducir la depresión. Además, también se encontró en estudios que analizaron la relación entre la atención plena, los síntomas depresivos y la actividad neuronal en adultos. La naturaleza de la atención plena es inversamente proporcional a la actividad de la amígdala (la parte del cerebro que detecta el miedo) cuando los participantes están en reposo.

¿Qué sucede durante la meditación Zen?

Acceso al subconsciente

También ha existido mucha curiosidad acerca de si la meditación Zen puede permitir a los practicantes acceder mejor a sus mentes subconscientes. Se cree que la mente consciente solo puede concentrarse en una cosa a la vez, como tu lista de compras o un libro que estás leyendo.

Pero, los expertos sospechan que la mente subconsciente es enorme. Muchos investigadores creen que saber cómo acceder a los procesos ocultos podría fomentar una mayor creatividad y ayudar a las personas a ser más conscientes de lo que deben hacer para alcanzar sus objetivos.

Un estudio de 2012 examinó si la meditación Zen ayudó a los practicantes a acceder mejor a sus mentes profundas. Todos los participantes eran meditadores Zen experimentados. A un grupo se le pidió que meditara durante 20 minutos. Al otro grupo se le pidió que leyera revistas. Luego, todos los participantes se sentaron en cubículos con una computadora.

Se les indicó que vincularan tres palabras presentadas en la pantalla con una cuarta palabra asociada. También se les pidió que escribieran la respuesta lo más rápido posible. Las personas que meditaron antes de la prueba pudieron completar la tarea más rápido, lo que demostró que tenían un mejor acceso a sus mentes profundas.

En otro estudio, se le pidió nuevamente a un grupo que meditara durante 20 minutos, mientras que al grupo de control simplemente se le dijo que se relajara. Luego, a todos los voluntarios se les hicieron 20 preguntas, cada una con tres o cuatro respuestas correctas. Por ejemplo, se les puede pedir que nombren una de las cuatro estaciones. Sin embargo, justo antes de ver la pregunta en la pantalla de la computadora, una posible respuesta como "Primavera" brilló durante 16 milisegundos.

En promedio, el grupo de meditación dio 6,8 respuestas que coincidían con las palabras subliminales. El grupo de control solo acertó un promedio de 4,9 palabras. Los investigadores concluyeron que los meditadores podían acceder mejor a lo que el cerebro prestaba atención que los no meditadores.

Los autores del estudio informan que la meditación Zen podría proporcionar una mejor comprensión de lo que sucede en el fondo del cerebro.

Si la meditación Zen te permite comprender mejor cómo te sientes, por qué tomas ciertas decisiones y cómo te influye tu entorno, esto podría tener un gran impacto en tu vida.

Tratamiento en el abuso de drogas

La meditación Zen se usa a menudo en los programas de tratamiento de abuso de drogas en Taiwán porque ralentiza el ritmo cardíaco y la respiración al mismo tiempo que mejora el funcionamiento del sistema nervioso autónomo. De hecho, los autores de un estudio de 2018 publicado en el Journal of Traditional and Complementary Medicine descubrieron que la meditación Zen afecta las interacciones cerebro-corazón.

Para las personas que se someten a un programa para dejar la adicción a las drogas, la función del sistema nervioso es a menudo una queja. Curiosamente, solo una sesión de meditación de 10 minutos puede optimizar la función del sistema nervioso del paciente.

Según los autores, los practicantes de Zen dedican su práctica a revelar el corazón espiritual dentro del órgano corazón. Afirman: "A través de años de práctica de meditación Zen, los practicantes tienen sus funciones cerebrales totalmente reformadas en un llamado cerebro separado dominado por el corazón espiritual".

Las personas que se están recuperando del abuso de drogas también pueden experimentar problemas con su sistema nervioso autónomo, el sistema responsable del control de las funciones corporales que no están dirigidas conscientemente, como la respiración, los latidos del corazón y los procesos digestivos.

La meditación Zen también promueve el estado de ánimo; y esto puede ser clave para ayudar a las personas con adicción a las drogas y a otros consumos, a resistir la tentación de volver a reincidir. Los investigadores también encontraron que la meditación Zen "mejora el funcionamiento del hipotálamo y del lóbulo frontal", lo que potencia el autocontrol y ayuda a las personas a superar la adicción.

Un estudio demostró que 16 de los 18 participantes dijeron que experimentaron "limpieza y rejuvenecimiento del cuerpo y la mente" después de una sesión de meditación Zen de 10 minutos. Los participantes también informaron hormigueo en el cuero cabelludo, calor en todo el cuerpo y sensación de frescor.

Los investigadores que usan la meditación Zen como tratamiento dicen que afecta las regiones del cerebro que ayudan a las personas a atravesar con éxito la desintoxicación y el proceso de recuperación.

Meditación Zen para manejar el estrés

Se dice que la meditación Zen es uno de los métodos de relajación y manejo del estrés más efectivos. Vale la pena aprender a concentrarte y reconocer tu propia mente para lograrlo. Sin embargo, ¿esta técnica conocida como Zen es apta para todos? Para aquellos que quieren aprender a enfocarse y reconocer sus propios pensamientos, esta técnica puede ser la elección correcta.

A diferencia de la meditación que requiere mantras, no existen reglas definidas para realizar esta técnica. Algunos enseñan la técnica de respiración de conteo de 10, algunos no necesitan contar sus respiraciones.

La práctica Zen se puede hacer al margen del ajetreo. Esta técnica de meditación, que tiene sus raíces en la psicología budista, se diferencia de otros métodos porque implica atención plena y la capacidad de observar. Por lo tanto, las personas que lo hacen pueden mantener los ojos un poco abiertos sin tener que concentrarse en pensar en una cosa específica.

Además, los practicantes de la meditación Zen amplían el alcance de su atención a muchas cosas, como la percepción, los pensamientos, las emociones, incluso a la conciencia subjetiva.

Aunque hay muchas cosas a las que prestar atención, la raíz de la meditación sigue siendo la misma, que es no dejar que la mente divague por ningún lado. Si algún pensamiento surge durante la meditación, debe descartarse de inmediato.

Al principio puede no ser fácil evitar que la mente se expanda hacia otras cosas. Sin embargo, con la práctica frecuente, es posible que las personas que practican la meditación Zen entren en su mente subconsciente.

Beneficios de la meditación Zen

El estrés debido a la presión del trabajo u otras cosas puede causar sentimientos de inquietud, tensión y ansiedad. Una forma de reducir la tensión es meditar. Se cree que la técnica que involucra la calma se llevó a cabo hace miles de años porque el libro sagrado hindú, el Veda, lo menciona.

Alrededor de los siglos VI y V a. C., China también desarrolló técnicas de meditación con la filosofía confuciana (Kong Hu Cu) y el taoísmo. La técnica es similar a la que se practicaba a principios del hinduismo y el budismo en la India.

De hecho, la antigua cultura romana también reconocía la actividad de la meditación. Los registros del filósofo Filón de Alejandría en el siglo XX a. C. mencionan una forma de práctica espiritual que involucra la atención plena y la concentración. Y, en el siglo III EC, el filósofo Plotino había desarrollado una especie de técnica de meditación.

La meditación es un tipo complementario de tratamiento físico y mental. La meditación puede proporcionar un profundo estado de relajación y paz mental.

El proceso de meditación puede mejorar la salud física y emocional. Los efectos de la meditación no se detienen cuando termina la sesión de meditación. Hay varias ventajas que puedes sentir en tu vida diaria al meditar.

Ventajas emocionales, que incluyen:

• Reducir los niveles de estrés y desarrollar la capacidad de manejar el estrés.
• Aumentar la autoconciencia y la confianza.
• Enfocarse en uno mismo
• Reducir las emociones negativas.
• Aumentar la creatividad.
• Aumentar la paciencia y la tolerancia.
•

Ventajas para reducir síntomas de enfermedades como:

• Ansiedad
• Asma
• Cáncer
• Enfermedad crónica
• Depresión
• Al corazón
• Alta presión sanguínea
• Trastornos del tracto digestivo
• Alteración del sueño
• Dolores de cabeza

La meditación Zen entrena al cerebro para que te concentres fácilmente. Hay muchos estudios que afirman que la meditación tiene un impacto positivo en los aspectos físicos, cognitivos, sociales, espirituales y emocionales de una persona. No muy diferentes, los beneficios de la meditación Zen son:

1. Entrena el cerebro para estar más concentrado

En un estudio de 2008, compararon a 12 personas que habían practicado regularmente la meditación Zen durante más de 3 años con aquellas que nunca lo habían hecho.

A cada participante se le escaneó la actividad cerebral y se le pidió que se concentrara en la respiración. De vez en cuando, se les pedía que eligieran una palabra en la pantalla de una computadora y luego se concentraran en respirar nuevamente.

Como resultado, los participantes que solían meditar más rápidamente volvieron a respirar normalmente después de experimentar interrupciones. Mientras que los principiantes, se necesita más tiempo para volver a enfocarse.

De ahí se concluyó que la meditación Zen puede aumentar la capacidad del cerebro para concentrarse, prestar atención y controlar la mente sobre las distracciones que surgen.

2. Entra en la mente subconsciente

También hay muchas alegaciones de que la meditación Zen puede ayudar a una persona a entrar en su mente subconsciente. Esta es la naturaleza de la mente que puede provocar creatividad y ayudar a alguien a lograr sus objetivos.

Un estudio en 2012 lo demostró. A los participantes que son meditadores se les pide que mediten durante

20 minutos. Al otro grupo se le pidió que leyera una revista. Luego, se les pidió que conectaran las palabras que aparecían en la pantalla de la computadora lo más rápido posible.

Como resultado, las personas que meditaron antes pudieron lograr esto más rápidamente. Esto demuestra que pueden acceder mejor a la mente subconsciente.

3. Bueno para el estado de ánimo

No es exagerado decir que esta técnica puede mejorar el estado de ánimo. Los investigadores encontraron que Zen mejoró la función cerebral en el hipotálamo y los lóbulos frontales. Esta es la parte del cerebro relacionada con el autocontrol.

Esa es la razón por la que los participantes de la meditación Zen pueden sentirse más frescos y limpios de mente y cuerpo después de una breve sesión de 10 minutos.

4. Alivia el estrés

El estrés puede ser la causa raíz de la enfermedad. Por eso, una de las "curas" para aliviar el estrés es hacer meditación. Hacer Zen le permitirá a una persona escuchar sus propios pensamientos con mayor claridad. Cuando la mente está clara, significa que es más fácil trazar problemas y soluciones.

5. Conócete mejor

Te centrarás en ver lo que tienes y agradecerás todo. Quizás todo este tiempo solo te has concentrado en lo que dicen los demás para no ver las ventajas que tienes. Esta meditación Zen te hará darte cuenta de lo valioso que eres y el potencial que posees.

Cómo hacer la meditación Zen

La meditación Zen en realidad se puede hacer fácilmente. Puedes hacerlo en casa o al aire libre. El punto es encontrar un lugar que sea cómodo y tenga mínimas distracciones. Estos son los pasos para llevarla a cabo:

Siéntate cómodo: Encuentra una postura cómoda para meditar. Puedes sentarte en un cojín de meditación, en una silla o en el suelo con las piernas cruzadas. Asegúrese de mantener la espalda recta y los hombros relajados. Tradicionalmente, deberás juntar las palmas de las manos con los pulgares pegados

Haz varias respiraciones profundas: Antes de comenzar a meditar, tómate unos momentos para respirar profundamente y relajarte. Inhala profundamente por la nariz y exhala lentamente por la boca.

Fija tu atención: Fija tu atención en un punto específico, como la respiración o un objeto visual. Mantén tu atención enfocada en este punto durante toda la sesión de meditación.

Observa tus pensamientos: A medida que meditas, es probable que tu mente se distraiga con pensamientos y distracciones. Observa estos pensamientos sin juzgarlos y luego vuelve a enfocar tu atención en tu punto de enfoque.

Mantén una actitud abierta y sin prejuicios: Durante la meditación Zen, mantén una actitud abierta y sin prejuicios. No te apegues a ningún pensamiento o emoción en particular, simplemente obsérvalos y déjalos ir.

Termina la meditación lentamente: Cuando hayas terminado la meditación, tómate unos momentos para volver a enfocar tu atención en tu entorno. Realiza algunas respiraciones profundas antes de levantarte y salir del espacio de meditación.

Al principio, la meditación puede durar de 5 a 10 minutos, con el tiempo puedes agregar tanto tiempo como creas necesario

Ya sea que la meditación Zen sea la técnica adecuada para ti o no, definitivamente deberías probarla primero. Si esto funciona para otra persona, es posible que no funcione para ti, o viceversa.

Otros beneficios

El propósito de esta meditación es regular la atención. A veces se la denomina práctica que implica "pensar y no pensar".

Al hacer esta meditación, las personas generalmente se sientan en la posición de loto, o con las piernas cruzadas, durante la meditación Zen y enfocan su atención en sí mismos.

Mientras que algunos practicantes dicen que este paso se realiza contando las respiraciones, generalmente de uno a diez, otros dicen que no hay actividad de conteo en esta práctica.

Uno de los muchos beneficios de la meditación es que puede dar una idea de cómo funciona la mente.

Al igual que con otras formas de meditación budista, la práctica del Zen puede beneficiar a muchas personas de muchas maneras, incluso ayudándolas a lidiar con la depresión y la ansiedad.

¿Qué sucede durante la meditación Zen?

La meditación Zen se considera "meditación de monitoreo abierto", donde se utilizan habilidades de monitoreo de nuestro interior psíquico.

Esta habilidad de seguimiento se transforma en conciencia reflexiva con un amplio rango de atención y sin centrarse en un objeto en particular.

La meditación Zen es similar a la meditación de atención plena, ya que se trata de centrarse en la presencia de la mente. Sin embargo, la meditación de atención plena se enfoca en un objeto específico y la meditación Zen involucra la atención plena en general.

A diferencia de la meditación de bondad amorosa y compasión, que se enfoca en cultivar la compasión, o la meditación mantra, que implica cantar un mantra, la meditación Zen implica aumentar la conciencia de los procesos físicos en curso y la autorreferencia.

Las personas que practican la meditación Zen buscarán ampliar el alcance de su atención para incluir flujos subjetivos de percepción, pensamiento, emoción y conciencia.

La meditación Zen a menudo se realiza manteniendo los ojos ligeramente abiertos, lo cual es diferente de la mayoría de las otras formas de meditación que se realizan con los ojos cerrados.

Durante la meditación Zen, también se invita a los practicantes a deshacerse de cualquier pensamiento que surja en sus mentes para básicamente no pensar en nada.

Con el tiempo, aprenderás cómo mantener su mente alejada de los pensamientos errantes e incluso puedes aprender a entrar en tu mente subconsciente.

A menudo, el objetivo es volverse más consciente de las ideas preconcebidas y obtener una visión de uno mismo.

La investigación muestra claramente que la meditación tiene muchos beneficios para la salud física, cognitiva, social, espiritual y emocional. Además, por supuesto, la meditación puede ser un excelente calmante para el estrés, razón por la cual tantas personas recurren a la meditación.

La meditación Zen también ofrece muchos de los mismos beneficios que otros tipos de meditación, pero muchas investigaciones sobre la meditación no han diferenciado entre los diferentes tipos de meditación.

Además, también hay investigaciones que muestran que diferentes tipos de meditación pueden afectar el cerebro de maneras ligeramente diferentes. Entonces, es posible que la meditación Zen ofrezca algunos beneficios adicionales más allá de los que se encuentran en otros tipos de meditación.

A nivel cotidiano, el Zen puede entrenar la mente para lograr la calma. Los meditadores también pueden reflexionar con un mejor enfoque y más creatividad.

Las personas que practican Zen también reportan una presión arterial más baja, una reducción de la ansiedad y el estrés, un mejor sistema inmunológico, un sueño más reparador y otras mejoras, todo lo cual tiene un impacto en la salud física general.

El impacto en el cerebro

Durante años, los científicos han estudiado cómo la meditación afecta la mente y el cuerpo. Entonces se encontró que hay algunas cosas interesantes en la práctica de la meditación Zen con respecto al cerebro.

En un estudio de 2008, los investigadores compararon a 12 personas que meditaron diariamente durante más de una década con 12 personas que nunca habían practicado la meditación.

A todos los participantes del estudio se les hizo un escáner cerebral y se les pidió que se concentraran en su respiración. De vez en cuando, se les pedía que distinguieran las palabras reales de las palabras sin sentido que aparecían en la pantalla de la computadora.

Luego, se les indicó que se concentraran nuevamente en su respiración. Los escaneos revelaron que el entrenamiento Zen condujo a la actividad en un conjunto de regiones del cerebro conocidas como la "red predeterminada". Donde esta red está asociada con mentes errantes.

Se descubrió que los voluntarios que practicaban regularmente la meditación Zen también podían volver a la respiración más rápidamente que los voluntarios que no meditaban después de que sus mentes se perturbaran.

Los autores del estudio concluyeron que la meditación puede aumentar la capacidad de mantenerse enfocado, prestar atención y limitar las distracciones, todo lo cual puede ser un desafío para las personas en el mundo digital actual.

3 mejores técnicas en meditación Zen

* **Observación de la respiración**

Tradicionalmente, los meditadores tenían que adoptar posiciones cómodas, como la postura birmana, la postura del medio loto o la postura de Seiza durante el Zen.

La mejor manera de ponerse en esta posición es sentarse en una alfombra o almohada suave; también es posible sentarse en una silla.

Luego, la atención se dirige a un objeto específico de meditación, generalmente observando la respiración y más específicamente cómo la respiración entra y sale del abdomen.

Al practicar este método, el meditador podrá cultivar una sensación duradera de presencia y agudeza de atención plena.

• **Conciencia tranquila**

Esta forma de meditación no se detiene en un punto focal específico como la respiración. Aquí, los meditadores aprenden a dejar que los pensamientos fluyan a través de sus mentes sin juzgar, contenerse o resistirse.

Los japoneses llaman a esta práctica shikantaza, o simplemente "sentarse". Esta técnica de meditación budista Zen se practica sin ningún objeto, ancla o contenido de meditación.

Esta técnica enfatiza que no hay una meta que alcanzar. Los meditadores "simplemente se sientan" y dejan que sus pensamientos sean como son.

Es importante que los practicantes entiendan que Zen no es un medio para un fin, Zen es un fin.

Meditación grupal intensiva

Los meditadores serios suelen practicar con regularidad una rigurosa meditación en grupo en un centro o templo de meditación.

Los japoneses llaman a esta práctica sesshin. Durante este período de intensa meditación, los practicantes dedican la mayor parte de su tiempo a la meditación sentada.

Cada sesión dura entre 30 y 50 minutos, intercalados con meditación caminando, descansos breves y comidas. La comida se toma en silencio como parte de la práctica, normalmente con un cuenco oryoki.

El corto período de ejecución también se realiza con gran cuidado. Hoy en día, estos retiros de meditación Zen se practican en Taiwán, Japón y Occidente.

Maneras de crear un lugar de meditación "Zen" en una sala de juntas

La meditación durante unos pocos minutos puede restaurar la calma y la paz interior. Para maximizar la meditación, haz tu propio lugar especial de meditación de la siguiente manera.

Para obtener los beneficios de la meditación mencionados anteriormente, hay varios elementos que debes practicar durante la meditación. Es decir, atención enfocada, respiración más relajada, mente abierta y una posición cómoda.

Otro factor importante de la meditación es un lugar tranquilo y libre de distracciones. De esa manera, puedes sentir el "Zen" que apoya tu meditación.

Para sentirte "Zen" y meditar con éxito, puedes crear tu propio lugar de meditación en un rincón de la casa. De hecho, no hay reglas específicas con respecto a la creación de un lugar de meditación. Sin embargo, equipar un lugar de meditación con los siguientes elementos ayudará a maximizar la meditación:

1. Elije un rincón cómodo

El criterio de comodidad puede ser un rincón de la habitación que te haga relajar y sonreír cuando estás en ese lugar. Por ello, dicho lugar no debe ser demasiado ruidoso y silencioso a la hora de meditar.

Elije también un ángulo con suficiente iluminación, especialmente cuando puedes obtener luz natural del sol. Por ejemplo, cerca de la ventana. Si puedes enfrentar el atardecer o el amanecer. La luz natural te dará una sensación cómoda y fresca.

2. Pon música relajante

La música es un gusto personal, puedes meditar con o sin ella. Sin embargo, la presencia de la música será muy relajante. Especialmente, para aquellos que viven en una zona concurrida, donde el sonido del tráfico, los trenes o las sirenas de las ambulancias a menudo se pueden escuchar desde el interior de la habitación.

Pon música instrumental sin letra mientras meditas. No tiene que ser música clásica, cualquier sonido que encuentres relajante puede ser una opción. Por ejemplo, el sonido de las olas del mar o de la playa (ruido blanco), el canto de los pájaros, el sonido de una fuerte lluvia o el silbido del viento. Puedes encontrar esta música en aplicaciones de transmisión de música o en YouTube.

Asegúrate de que la música continúe sin interrupción durante la meditación, si es necesario, ponla en modo de repetición. La música relajante, aunque esté instalada con un sonido suave de fondo, puede ahogar varios sonidos del exterior. Como resultado, te ayuda a recuperar la calma durante la meditación.

3. Coloca la alfombra y las almohadas
Alrededor del lugar de meditación debe estar limpio y ordenado de todos los objetos dispersos. Este método es para asegurar que tus actividades de meditación no se vean perturbadas.

El equipo básico de meditación que debes colocar es una mesa pequeña, una colchoneta de yoga y una alfombra (puede ser una alfombra de plumas). Se recomienda encarecidamente agregar una almohada especial para la meditación que pueda ayudarte a sentarse en silencio.

4. Instalar aromaterapia
Los aromas de los aceites esenciales de plantas, como lavanda, manzanilla y menta, pueden ayudar a calmar el alma, la mente y el cuerpo. Por lo tanto, para maximizar la meditación, instala tu aromaterapia favorita usando velas calientes, incienso o gotas de aceite esencial.

No solo relaja, la aromaterapia también te ayuda a ganar impulso en la meditación, a canalizar la energía curativa y se cree que ayuda a estimular la función cerebral. Además, esta sensación de relajación también puede estimular el sistema inmunológico, aliviar el dolor muscular y reducir o eliminar el estrés.

5. Agrega un elemento de color calmante

Además de los olores, la luz y el sonido, agrega un elemento de color para apoyar tu meditación. Por supuesto, elije colores que coincidan con tu estado de ánimo, especialmente aquellos que pueden traer paz. Por ejemplo, colores pastel o azul.

Puedes manifestar estos colores en los objetos para la meditación, no siempre tienes que pintar las paredes de la habitación. Puede ser sobre una almohada de meditación, una colchoneta de yoga, una vela de aromaterapia, una alfombra, una mesa pequeña a tu lado.

6. Lleva la naturaleza a tu lugar de meditación

Uno de los principios importantes de la meditación es conectarse con la naturaleza y su entorno. Por lo tanto, es recomendable meditar al aire libre. Sin embargo, es imposible, cierto, si tu ubicación está en medio de una ciudad o en un entorno urbano concurrido.

Por lo tanto, agrega un toque de naturaleza a tu lugar de meditación. Puedes poner flores en un jarrón, un frasco transparente lleno de arena de playa y conchas, o una cascada en miniatura.

La naturaleza es orgánicamente calmante y curativa, perfecta para agregar a la solemnidad de las actividades de meditación. Agregar elementos naturales en poco tiempo hace que tu lugar de meditación se sienta armonioso y equilibrado con el entorno.

7. Agrega artículos de decoración

Al crear tu propio espacio de meditación, es posible que desees agregar un toque personal. Como pintura mural (no es necesario que se pegue a la pared, puedes colocarlo en el piso), colgar macramé, colocar campanas, cristales, piedras preciosas, tazones tintineantes y otras obras de arte.

El objetivo es el mismo, crear un lugar tranquilo y pacífico donde puedas concentrarte en la meditación. Sin embargo, no pongas demasiadas cosas hasta llenar el lugar. Mantenlo limpio y ordenado.

8. Debe haber aire fresco disponible

Además de la aromaterapia, no olvides que la habitación debe tener aire limpio. Además de ayudarte a sentirse más fresco, el aire renovado también mejora la capacidad de tu cerebro y tu salud corporal.

No tienes que salir de tu habitación para respirar aire fresco. Solo haz un lugar de meditación cerca de la ventana. Sin embargo, si no quieres abrir la ventana, utiliza un purificador de aire que no haga mucho ruido.

9. Ambiente diferente con opciones de iluminación

En el número 1 se ha mencionado elegir la iluminación natural al meditar. Para agregar comodidad en la habitación, usa telas transparentes como cortinas que puedan filtrar los rayos del sol para ser más suaves.

Si quieres meditar por la noche, puedes optar por utilizar una luz poco brillante o tenue. La luz tenue a menudo ayuda a concentrarse más mientras se medita. Para una luz débil, instala una lámpara de mesa que sea de color suave y ayúdate de unas cuantas velas.

10. Sin artilugios

Aparte del reproductor de música, todos los dispositivos y sus actividades deben detenerse durante la meditación. Por lo tanto, apaga las notificaciones del teléfono celular que pueden distraerte durante la concentración. También mantén alejados otros dispositivos electrónicos como videojuegos, radio o televisión.

En conclusión, hay muchos elementos o formas de crear un lugar de meditación "Zen", incluidos los mencionados anteriormente. El primer paso es encontrar un rincón tranquilo y traer los elementos naturales a tu lugar. No lo olvides, concéntrate y abre tu mente a los beneficios de la meditación.

Cómo saber si la meditación Zen es adecuada para ti

Cuando se trata de meditación, es importante encontrar qué tipo es el más adecuado para ti. Las investigaciones muestran que la meditación Zen no siempre resulta ser la favorita. De hecho, a veces, está casi al final de la lista.

En un estudio de 2012, los estudiantes universitarios pasaron siete días practicando un tipo específico de meditación en el transcurso de cuatro semanas. Al final del estudio, se les pidió que clasificaran las prácticas de meditación en orden de preferencia personal. Significativamente más participantes calificaron Vipassana (atención plena) y la meditación Mantra como más altas que Zen y Qigong Visualization.

Disfrutar de su práctica de meditación es clave para mantenerla durante mucho tiempo. Si prueba la meditación Zen no es adecuada para ti, no descartes todos los tipos de meditación. Prueba con otro tipo hasta que encuentres la que mejor se adapte a tus necesidades.

#######